Pebble® Bilingüe/Bilingual Plus

*Animales bebé / Baby Animals*

# La historia de una foca bebé / A Baby Seal Story

por/by Martha E. H. Rustad

Editora consultora/**Consulting Editor:** Gail Saunders-Smith, PhD

**Consultora/Consultant:** Kathryn Ono, PhD
Centro de Educación de Ciencias Marinas e Investigación/
Marine Science Education and Research Center
Universidad de Nueva Inglaterra/University of New England, Biddeford, Maine

**CAPSTONE PRESS**
a capstone imprint

A female seal rests

on the pack ice.

Her newborn pup stays

close by. Its wet fur

looks yellow.

---

Una foca hembra descansa en el

bloque de hielo.

Su foquita recién nacida está cerca.

Su pelo mojado se ve amarillo.

The pup's fur dries fluffy
and white. The white coat
hides the pup in the snow.
Yawn. The tired pup falls asleep.

---

Cuando el pelo de la foca bebé se seca,
se ve esponjado y blanco. El pelaje blanco
oculta a la foca bebé en la nieve.
Bosteza. La foca bebé está cansada
y duerme.

Bleat, bleat. Sniff, sniff.

The mother knows

her noisy pup's cry and smell.

Slurp! The pup drinks rich milk

from its mother's body.

---

Bala, bala. Olfatea, olfatea.

La mamá conoce el llanto y el aroma

de su ruidosa foquita.

¡Sorbo! La foquita toma leche nutritiva

del cuerpo de su mamá.

Now the pup's mother is hungry.

She hasn't eaten for two weeks.

Away she slips to catch fish.

Good-bye!

---

Ahora la mamá de la foca bebé tiene

hambre. No ha comido en dos semanas.

Se va para atrapar peces.

¡Adiós!

Young seals stay together
on the ice. The fat pups can
barely move. A layer of blubber
keeps their bodies warm.

---

Las pequeñas focas se quedan juntas
sobre el hielo. Las crías gordas apenas
se pueden mover. Una capa de grasa
mantiene calientes sus cuerpos.

Time to molt! Raggedy, scraggly tufts

of white fur stick up.

The waterproof coat beneath

looks gray and spotted,

sleek and shiny.

———————————————

¡Tiempo de mudar! Se paran mechones

de pelo blanco áspero y desaliñado.

El pelaje impermeable que está debajo

se ve gris y moteado, liso y lustroso.

Now the pup can learn
to swim. Its claws grip
the ice, and the seal slides
on its tummy to the water.

---

La foca bebé puede ahora aprender
a nadar. Sus garras se aferran al hielo
y la foca se desliza sobre su panza hacia
el agua.

Slide on in! Hind flippers move

side to side through slushy saltwater.

Beat the water,

splash, and dive!

Now come up for a breath.

---

¡Deslízate al agua! Las aletas

traseras se mueven de lado a lado a

través del agua salada con hielo.

¡Golpea el agua, salpica y se tira clavados!

Ahora sale a respirar.

Look around. Hear those sounds?

Sharp eyes and keen ears find prey.

The seal's pointed teeth grip

slippery fish and crunchy crabs.

---

Mira alrededor. ¿Escuchas esos sonidos?

Ojos y oídos agudos encuentran a su presa.

Los dientes puntiagudos de la foca

sujetan a los peces resbalosos y a los

cangrejos crujientes.

The pack ice is melting.

The ocean is calling.

In a few years,

the young seal will return

to find a mate and have a pup.

---

El bloque de hielo se derrite.

El océano llama.

En unos cuantos años, la pequeña foca

regresará para encontrar una pareja y

tener una foca bebé.

# Glossary

**blubber**—a thick layer of fat under the skin of some animals; blubber keeps animals warm

**flipper**—a flat limb with bones on a sea animal; flippers help seals swim

**keen**—able to notice things easily

**mate**—a male or female partner of a pair of animals

**molt**—to shed a coat of fur, so new fur can grow in

**pack ice**—an area of large pieces of floating ice pushed together

**prey**—an animal that is hunted and eaten by another animal

**sleek**—smooth

# Internet Sites

FactHound offers a safe, fun way to find Internet sites related to this book. All of the sites on FactHound have been researched by our staff.

Here's all you do:

Visit *www.facthound.com*

Type in this code: 9781429692229

Check out projects, games and lots more at
**www.capstonekids.com**

Super-cool stuff!

# Glosario

**agudo**—que ayuda a notar las cosas fácilmente

**la aleta**—una extremidad plana y con huesos que tienen los animales marinos; las aletas ayudan a las focas a nadar

**el bloque de hielo**—un área de piezas grandes de hielo flotante que están unas junto a otras

**la grasa**—una gruesa capa que está debajo de la piel de algunos animales; la grasa mantiene a los animales calientes

**liso**—suave

**mudar**—cambiar de pelaje, para que pueda crecer nuevo pelo

**la pareja**—el compañero macho o hembra de un animal

**la presa**—un animal que es cazado y comido por otro animal

# Sitios de Internet

FactHound brinda una forma segura y divertida de encontrar sitios de Internet relacionados con este libro. Todos los sitios en FactHound han sido investigados por nuestro personal.

Esto es todo lo que tienes que hacer:

Visita *www.facthound.com*

Ingresa este código: 9781429692229

¡Algo súper divertido! Hay proyectos, juegos y mucho más en www.capstonekids.com

Pebble Plus is published by Capstone Press,
1710 Roe Crest Drive, North Mankato, Minnesota 56003.
www.capstonepub.com

*Library of Congress Cataloging-in-Publication Data*
Rustad, Martha E. H. (Martha Elizabeth Hillman), 1975-
[Baby seal story. Spanish & English]
La historia de una foca bebé = A baby seal story / por/by Martha E. H. Rustad ; editora consultora/consulting editor, Gail Saunders-Smith ; consultora/consultant, Kathryn Ono.
p. cm.—(Pebble Plus bilingue/bilingual: animales bebé/baby animals)
Includes index.
ISBN 978-1-4296-9222-9 (library binding)
ISBN 978-1-62065-335-7 (ebook PDF)
1. Seals (Animals)—Infancy—Juvenile literature. I. Title. II. Title: Baby seal story.
QL737.P64R8718 2013
599.79—dc23                                    2011050125

Summary: Full-color photographs and simple text describe how seal pups grow up.

**Editorial Credits**
Erika L. Shores, editor; Strictly Spanish, translation services; Ashlee Suker, designer; Laura Manthe, bilingual book designer and production specialist; Svetlana Zhurkin, media researcher

**Photo Credits**
Alamy/Dmitry Deshevykh, 19
Creatas, 1, 8–9
Getty Images/National Geographic/Brian J. Skerry, 13; Photolibrary/Doug Allan, 16–17
Minden Pictures/Gerard Lacz, 11; Tom Walmsley, 21
Photo Researchers/Dan Guravich, 15
Shutterstock/FloridaStock, 3, 4–5; Vladimir Melnik, cover, 7

**The author dedicates this book to her son Markus Johan Rustad.**

## Note to Parents and Teachers

The Animales bebé/Baby Animals series supports national science standards related to life science. This book describes and illustrates seal pups. The images support early readers in understanding the text. The repetition of words and phrases helps early readers learn new words. This book also introduces early readers to subject-specific vocabulary words, which are defined in the Glossary section. Early readers may need assistance to read some words and to use the Glossary, Internet Sites, and Index sections of the book.

Printed in the United States of America in North Mankato, Minnesota.
042012    006682CGF12

# Index

# Índice